Resiliencia Psicológica Y Yo

Lhaura Ventura
Resiliencia Psicológica Y Yo

Publicado por Spines
ISBN 979-8-90001-292-6

Spines

Resiliencia Psicológica Y Yo

Lhaura Ventura

A todos aquellos que han caminado por el sendero del dolor y la incertidumbre, pero han elegido, una y otra vez, levantarse. A quienes, a pesar de las caídas, han descubierto en sí mismos la fuerza para seguir adelante. Esta obra es para ustedes, que conocen de cerca la fragilidad humana y la belleza de renacer.

A mi yo pasado, que me enseñó que cada cicatriz es un recordatorio de la fortaleza que reside en el alma. A mis seres queridos, que, con su amor incondicional, me mostraron que no estamos solos, incluso en nuestros momentos más oscuros. Y a todos los que buscan sanar, crecer y transformar su dolor en "resiliencia", porque este viaje es tanto suyo como mío.

Con la esperanza de que, al compartir estas palabras, encuentren la inspiración para descubrir que dentro de cada desafío se oculta una oportunidad para ser más fuertes, más sabios y, sobre todo, más humanos.

Índice

Prólogo 1
1. Introducción a la vida 3
2. Después de la tormenta, llega la calma 32
3. La reconciliación con tu propio ser 41
4. La astucia, el emprendimiento y el amor propio 53

Acerca de la autora 65

Prólogo

"Resiliencia Psicológica y Yo" es un viaje personal, un recorrido de transformación que, aunque está marcado por desafíos, me ofreció las herramientas para sanar, crecer y descubrir mi verdadera fortaleza. En este camino, entendí que la vida no es simplemente una sucesión de momentos felices, sino un flujo constante de altibajos que nos pone a prueba y, al mismo tiempo, nos revela la profundidad de nuestro ser.

En este relato, comparto con ustedes cómo la resiliencia no llegó de inmediato ni sin esfuerzo. Fue el resultado de lágrimas derramadas, de batallar contra las tormentas internas, de confrontar mis miedos, mis heridas, y de comprender que, más allá de las circunstancias, la verdadera fuerza reside en nuestra capacidad para adaptarnos, aprender a dejar ir y seguir adelante. Porque la resiliencia no es solo sobrevivir, sino “aprender a vivir con un corazón más sabio y libre”.

A lo largo de estas páginas, narraré mi experiencia con la resiliencia psicológica, un proceso de descubrimiento donde, finalmente, encontré en mis propias manos las herramientas para moldear mi destino. Esta historia no es solo mía, sino de todos aquellos que han enfrentado el dolor, las pérdidas y las adversidades, y han sabido encontrar en cada dificultad una razón para levantarse con más esperanza.

“Resiliencia Psicológica y yo” somos, en cierto modo, una misma entidad. Somos el reflejo de la capacidad humana para renacer, para no rendirse ante los golpes de la vida y para descubrir, en cada nuevo amanecer, que el poder de nuestra transformación está en nuestras manos.

Capítulo 1

Introducción a la vida

Aprender a vivir fue muy frustrante para mí; después de estar dieciocho años viviendo con mis padres, cada decisión que tomaba operaba de una manera irreparable en mi vida. Más aún cuando se trataba de elegir a la pareja, pues mi naturaleza se ensañaba en contra de las reglas sociales y el arte de servir se convertía en mi peor enemigo.

Mi historia de aprendizaje comienza en una escuela privada de niños de todas las clases sociales. No tengo memoria antes de mis diez años, pero siempre me caractericé por ser una niña callada, sobreprotegida por mis padres, que clamaba por libertad adolescente, tímida con los chicos y de baja autoestima. Esa falta de confianza cobraría efecto en mi relación con los compañeros de clase: ser la diferente, la rara, la niña que molestaban por pensar distinto, pero conocida por sus dotes artísticos.

Tomar mis propias decisiones era un reto, ya que mi madre estaba constantemente atenta a todo lo que hacía: de mis amistades, de mi individualidad, algo que, por supuesto, no hacía con mis otros hermanos. Siempre dedicada a su hogar y a su marido, trabajadora, emprendedora y llena de amor por sus pequeños retoños. Mi padre, un hombre trabajador que, con sacrificio, sacó adelante a sus cuatro hijos, pagaba los servicios de la casa. Siempre soñaba que, en su vejez, se retiraría en una finca criando animales, acostado en una hamaca y disfrutando del calor caribeño. Obviamente, no era perfecto y cometía errores como todo padre asalariado que estaba cumpliendo con un horario de ocho horas de lunes a viernes en el distrito de Barranquilla, Colombia.

Siempre tuve una pasión intensa por las artes, por la escritura, por el conocimiento del saber por qué estamos en este mundo. Me adentré en la espiritualidad, en el porqué de las religiones, en el existir de Dios, el porqué de la existencia de los libros sagrados, en todo lo relacionado con la explicación de la vida. No sé si es algo psicológico, pero siempre indagué en suplir esa necesidad por aprender a "pertenecer".

Y cuando me refiero a aprender a "pertenecer", es porque siempre estuve en conflicto con aquellas superficialidades que daban importancia a la adolescencia. Por ejemplo, a qué tipo de ropa llevaba una persona, cuánto dinero le daban sus padres o simplemente cuán bellos eran sus cuerpos antes de elegir ser libres y no dar importancia a lo que, en realidad, para mí era importante, como nutrir el espíritu.

La castración de mi libertad, desde muy pequeña, se hizo notar. La rebeldía se formó, a primera instancia, de una forma distinta con mi familia; nunca dejé que mis emociones afectaran mi vida educativa. Era una de mis prioridades buscar conocimiento a pesar de cómo me sentía a nivel emocional.

El afecto que recibía por parte de mi familia en mi adolescencia no la percibía de una manera amorosa, al contrario, esa castración logro captar los más bajos instintos de mi como persona, se disfrazaba como un vacío emocional que se traducía en dar oportunidades a esos llamados "amigos", lo cual aún a mis treinta y cuatro años nunca he logrado entablar un vínculo de amistad genuina, aun me cuesta creer que una persona es honesta en ese vínculo que siempre considere sagrado, simplemente porque es libre de no ser reciproco en ese sentimiento de honestidad amistosa.

Esas experiencias han moldeado profundamente mi percepción de las relaciones humanas. Es comprensible que, después de sentir un vacío emocional y de haber dado oportunidades a personas que no fueron recíprocas, ahora me cueste confiar en la autenticidad de los vínculos.

La amistad, como cualquier relación, puede ser incierta porque cada persona tiene su propio mundo interno, sus propios valores y maneras de relacionarse. Pero, aunque la reciprocidad no siempre esté garantizada, me cuesta creer que haya personas que sí valoren y busquen conexiones genuinas. Por otro lado, en relaciones amorosas; esa es otra historia, mi primer amor; ese sentir que una persona estaba interesada en mi a los dieciséis años era algo sumamente raro, pero a su vez, el sentimiento de pareja más genuino del que he sentido toda mi vida.

Esa inhabilidad de mi parte de no lograr descifrar las emociones e intenciones de las personas, pero cuando surgió este sentimiento, todo cambió; este se apoderó de todo lo que una vez pensé que nunca sentiría. Ese primer amor parece haber dejado una huella profunda dentro de lo que en mí percibo como algo que aún resuena en lo básico de mi vida. Esas experiencias tempranas pueden convertirse en un referente emocional difícil de igualar o superar. A veces me pregunto ¿Sera que esa conexión fue única porque realmente fue especial, o porque después de ella no he encontrado algo que me haga sentir de la misma manera?

Pues, nunca creí en la fidelidad entre personas; me rehúso a la creencia de que el ser humano es monógamo por naturaleza. El simple hecho de las infidelidades entre parejas, el desamor familiar, la decepción de los llamados "amigos" y el tratar de que te destruyan el ego para que puedas ver tu verdadera naturaleza humana me llevó a preguntarme: ¿cuál es el sentido de vivir si no es a eso a lo que llamamos "felicidad"?

Fue así cuando llegué a la conclusión de que el ser humano, solo gracias a la "resiliencia psicológica", la fe en un "ser superior" y el "amor", tiene los tres valores que le dan la fuerza para seguir adelante.

Estas tres fuerzas poderosas pueden ayudar a las personas a superar adversidades y encontrar sentido a la existencia. La monogamia y la fidelidad son interesantes; muchos consideran que son construcciones sociales más que tendencias biológicas. Pero, al mismo tiempo, otros creen que la capacidad de compromiso y lealtad es una elección consciente que puede fortalecer los lazos entre las personas. Si lo que una persona busca es sentido en la vida, más allá de las decepciones y traiciones, tal vez la clave solo esté en enfocarse en lo que realmente nutre su bienestar, dedicarse a lo que le gusta.

El arte de la resiliencia psicológica

Mi madre siempre decía: "Depende de tus propios recursos para que no te humillen en las relaciones que tengas en el futuro; nunca dejes de estudiar y siempre mantente fuerte ante la vida". Y vaya que tenía razón. Mi madre me dejó una enseñanza poderosa: la autosuficiencia como forma de protección y dignidad en las relaciones. Su consejo refleja una visión de fortaleza, de no depender de otros para tu estabilidad emocional y material.

Esas palabras han resonado en mi vida y han influido en cómo enfrento las relaciones. Pero, a veces, me hago esta pregunta: al seguir ese consejo, ¿será que me ha ayudado a evitar situaciones difíciles, o a veces me ha hecho más difícil confiar y abrirme a los demás?

Aún no lo sé. Por el contrario, muy pocos recuerdos tengo de las conversaciones de mi padre hacia mí, ya que se la pasaba trabajando para darnos el sustento. Pero cuando hablaba conmigo, era específico en lo que decía, con mucha dureza, para una niña de catorce años que buscaba el rumbo de su vida y estaba perdidamente enamorada de un muchacho que no era el modelo a seguir; una relación sentimental que no aprobaba debido a su miedo a que yo fracasara en mi futuro.

Mi padre expresaba su preocupación de una manera que quizás en ese momento resultó dura para mí. A veces, el miedo al fracaso de un hijo lleva a los padres a mostrarse estrictos o distantes, aunque en el fondo su intención sea proteger. Con el tiempo, he llegado a ver su perspectiva de manera diferente, pero aún sigo sintiendo que su manera de comunicarse dejó una marca difícil de reconciliar dentro de lo que en mí se refleja la "niña interior".

Seamos realistas: nadie está listo para ser padre o madre, y agradezco cada momento que paso con ellos. No soy nadie para juzgar el modo de vida que tuvieron al criarnos a mis tres hermanos y a mí, pero sí me hubiera gustado sentir un poco más el cariño paterno en mi vida. Ahora, a mis treinta y cuatro años, siento que ese cariño poco a poco se recupera, porque, aun en la madurez, necesitamos de esa base protectora para darle claridad a nuestros objetivos. Ese proceso de recuperación del cariño paterno ha sido algo gradual y natural.

Desde la infancia, el vínculo con los padres influye en cómo una persona percibe el mundo, las relaciones y su propia fortaleza emocional. Si bien algunas personas crecen con un afecto evidente y constante, otras pueden haber experimentado una conexión más distante o rígida, como en mi caso con mi padre. Eso explica cómo puede afectar la manera de enfrentar desafíos emocionales.

Sin embargo, la **resiliencia psicológica** también implica aprender a reinterpretar esas experiencias y encontrar formas de sanar. Aceptar que los padres hicieron lo mejor que pudieron con las herramientas que tenían puede ser un paso importante, pero también es válido reconocer lo que faltó y trabajar en ello.

En mi caso, la relación con mis padres, aunque tuvo momentos de dureza y distancia, está evolucionando con el tiempo, con el amor ante todo, cuando sé que esa recuperación del vínculo con mi padre está contribuyendo a mi propia resiliencia, siempre construyendo los límites deseados. Entonces, podemos definir que la **"resiliencia psicológica"** suple la capacidad de adaptarse, aprender y seguir adelante a pesar de los golpes de la vida. No se trata solo de resistir, sino de transformar el dolor, la incertidumbre y las dificultades en crecimiento personal.

Si alguien está buscando su rumbo en la vida, le diría que la resiliencia no significa que se va a sentir perdido o herido, sino que, a pesar de eso, tiene la capacidad de reconstruirse y encontrar sentido en su camino. Es como un músculo: se fortalece con el tiempo, con cada obstáculo superado y con cada lección aprendida. ¿Pero cómo desarrollarla?

Es una pregunta válida, y aquí comparto una de las tácticas que, personalmente, me sirvieron para desarrollar esta hermosa capacidad humana:

1. **Aceptar la incertidumbre**, entender que la vida no siempre tiene respuestas inmediatas.
2. **"Mirar el pasado sin quedarse atrapado en él**, reconocer las dificultades, pero también lo que se ha aprendido."
3. **Construir pequeños hábitos positivos**, como la autodisciplina, o rodearse de personas que aporten valor.

4. **Reconectar con lo que realmente importa**, ya sea un propósito, una creencia o el deseo de mejorar.

No es un proceso fácil, pero cada paso cuenta.

Aceptar la incertidumbre

Como una niña sobreprotegida de quince años, di por sentado muchas cosas de mi futuro y dejé que los demás tomaran decisiones importantes de mi vida. ¿Por ejemplo, con quién debía estar? ¿Qué debía hacer los fines de semana? ¿Qué iba a estudiar? ¿O a qué dedicaría mi vida? Yo tenía un gran sueño: convertirme en músico; quería estudiar música. Mi padre y mi hermano se vieron preocupados por el desdén de esta profesión y sin fe alguna, me sentaron en la mesa de la terraza y al unisonó, me prohibieron estudiarla en la universidad.

Me exigieron que debía estudiar una carrera a la que le vieran un futuro seguro, como alguna ingeniería, administración de empresas, leyes o medicina. Sentía tanta presión externa en ese momento, que para seguir un camino que no era el mío y el pensar que mis sueños personales no encajaban con las expectativas de los que me rodeaban, me vi obligada a suplir esa necesidad de servicio de mi naturaleza humana, de no dejar que los seres a los que más amaba, se preocuparan y decidí tomar un camino personal que tuviera una visión diferente de lo que es "seguro" o "realista", fue una experiencia realmente dolorosa.

Allí surgió una pregunta: ¿sería dejar de lado ese sueño por completo? ¿Tomarlo como una afición? ¿O simplemente vivir mi vida a las decisiones de los demás? Allí estaba yo, sentada al frente de dos autoridades de la casa, expresando decisiones que solo yo podía tomar, que solo yo podía decidir, porque era mi vida, es mi vida. Esa adolescente, sin autoconfianza y sin pensar en un sentido práctico, solo viviendo su naturaleza de servicio. Acepto estudiar Comunicación Social.

¿Me arrepiento? Pues no. Vi la hermosura de la comunicación social como un escape a lo que era mi vida adolescente. Empecé en la escritura de blogs personales como un diario, en donde mencionaba la locura de la "castración emocional" a la que estaba viviendo. Me gradué con el honor académico Cum Laude por mi investigación en la tesis de comunicaciones corporativas en las aseguradoras médicas en mi país, Colombia, pero nunca dejé de hacer lo que más me gustaba, que era la música.

En cuanto a la música, participé en un concurso nacional de canto de "imitadores". No pude ir más bajo que eso, seguir la locura de imitar a otra persona, camuflando mi identidad. Aunque admito que fue una experiencia interesante, sentí que estaba dejando de lado mi esencia para encajar en ese formato de imitación; mi estilo artístico lo reemplacé temporalmente por el de otra persona. Gracias a

Dios que no gané el concurso; hubiera sido un "suicidio" de identidad personal.

¿Por qué lo hice? Pues, a mi padre se le ocurrió la grandísima idea de que yo participara sin tener en cuenta mi opinión sobre si quería participar o no, y yo, pues accedí a su recomendación, por ignorancia a lo que eso conllevaría: que las personas me vieran como "la artista imitadora del canal nacional", que, como una artista auténtica con identidad personal, era casi un suicidio de identidad.

Pero, aun así, me pregunto: ¿qué me llevó a participar en ese concurso? ¿Fue una decisión propia muy dentro de mí o había algo más detrás que quería demostrar? Pues, mi padre nunca me prohibió estar en la música como un hobby. Al contrario, siempre me decía que quería oírme cantar, ¿pero dedicar mi vida a la música para vivir de ella? Nunca lo permitiría...

Bueno. Es obvio que cualquier padre quiere ver triunfar a sus hijos, ¿no? Pero es allí donde entra la aceptación de la incertidumbre. Es cierto, cualquier padre quiere lo mejor para su hijo, y muchas veces eso significa querer ofrecerles seguridad, un camino que parezca más claro o menos incierto. La música, siendo una carrera con muchos altibajos, puede verse como un riesgo más grande en comparación con otras profesiones más establecidas.

Aceptar la incertidumbre es una parte tan crucial de la vida, sobre todo cuando se trata de nuestros sueños y pasiones. A veces, el futuro no tiene un mapa claro y nos toca navegar sin saber exactamente qué va a pasar, pero ese es también el espacio donde pueden florecer la creatividad, la autenticidad y el crecimiento personal. Es allí donde surge una pregunta clara, ¿será que esa presión de tener que seguir un camino más "seguro" me ha ayudado a explorar diferentes caminos o me ha hecho replantear un enfoque seguro hacia mis sueños?

Claro que sí, ya en mi vida adulta trato de continuar ese enfoque musical del cual le invierto tiempo y dinero. El amor por mi profesión como maestra de prejardín básica primaria me hace sentir que puedo ser una mujer totalmente multifacética y encontrar el gusto en una actividad que nunca jamás pensé que me iba a dedicar. Mi maternidad empezó a mis veintiocho años; di a luz a un hermoso niño curioso y juguetón, que a sus dos años me dijo: "Mamá, te amo".

Por último, el espejismo de mi vida conjugal, como un reflejo borroso de lo que alguna vez creí que sería la "felicidad compartida". Mi marido y yo juntos compartíamos un ideal, una imagen de complicidad y amor, pero con el tiempo descubrí que esa visión se desvanecía ante la realidad del día a día.

Las risas espontáneas se fueron tornando en conversaciones mecánicas, las caricias en gestos automáticos y los sueños en compromisos asumidos por inercia. La rutina, como una sombra silenciosa, se instaló entre nosotros, desdibujando los contornos de la pasión y la ilusión.

Nos volvimos expertos en coexistir, en compartir espacios sin verdaderamente habitarlos. Nos convertimos en personajes de una obra ensayada hasta el cansancio, donde cada diálogo estaba previamente escrito y cada escena se repetía sin variaciones. El amor, alguna vez intenso y vibrante, ahora era un eco lejano de lo que fue, un espejismo que aparecía y desaparecía según el reflejo de nuestras propias carencias en nueve años de convivencia.

Pero, a pesar de todo, seguimos adelante. No por costumbre, sino por una extraña lealtad al sueño que una vez tuvimos y al amor que aún nos teníamos. Quizás la vida conyugal no sea más que eso: un vaivén entre la realidad y la ilusión, un juego de luces y sombras en el que aprendemos a encontrar belleza incluso en la repetición. Y así, entre la nostalgia y la esperanza, volvemos a la rutina, sabiendo que, aunque el espejismo no sea completamente real, tampoco es del todo falso.

Pero, ¿qué más puedo pensar? Siempre me pregunto: "¿Será que trato siempre de manifestar la incertidumbre de manera positiva para integrarla a mi vida cotidiana? ¿Quién no quiere saber lo que la vida le depara? ¿Quién no ha visitado brujos, chamanes y videntes para saber qué va a pasar en su vida? Ese es el gran estigma de la incertidumbre y la hermosura de la capacidad humana de solo manifestar de una manera incierta esa incertidumbre siempre positiva?".

El hablarte positivamente, empoderarte mientras te levantas de tus tropiezos, pensar en Dios y en tu familia como la base de tu sustento, y cultivar buenos hábitos como la lectura y el ejercicio es un proceso largo y de mucha paciencia, un proceso del cual el tiempo lleva lo que pudo o no pudo ser, donde solo cuenta el presente y el ahora.

Estigmatizar la incertidumbre nos convierte en alienígenas de la naturaleza humana, sobre todo cuando estamos acostumbrados a buscar control o certezas de lo que no está dentro de nuestro control. Esta es solo una invitación a soltar el miedo al futuro y permitir que las cosas se desarrollen de manera más fluida, sin tratar de tener todo perfectamente planificado, sin intentar ver las cosas de una manera negativa. Recuerda que tus palabras se convierten en acciones y las acciones repetidas en hábitos, y los hábitos en tu estilo de vida. La incertidumbre es parte de la vida, y cuando la resistimos demasiado, nos volvemos rígidos, ansiosos o incluso ciegos a las oportunidades que surgen en el caos. Soltar el miedo al futuro no significa vivir sin rumbo, sino aprender a confiar en el proceso, adaptarse y fluir sin la necesidad de controlar cada detalle.

Lo que pensamos y decimos moldea nuestra realidad. ¿Por eso me pregunto: será que últimamente me cuesta dejar ir ese afán de control o de querer certezas? A veces, esa incertidumbre es la que nos lleva a tomar decisiones que, aunque no tengan una seguridad inmediata, nos permiten descubrir aspectos de nosotros mismos y del mundo que, de otra manera, habríamos ignorado. El proceso de aceptar que no todo tiene que ser predecible ni seguro también abre la puerta a una vida más auténtica.

Mirar el pasado sin quedarse atrapado en él

El pasado y yo tenemos muchos vínculos; siempre vivía en él, vivía en mi cabeza pensando en ese "primer amor prohibido", pensando en qué iba a hacer de mi vida cuando me graduara del colegio, pensando en el amor de mis padres y de mis hermanos, fantaseaba que era cantante en un escenario lleno de personas escuchándome, pensando en la iglesia cristiana a la que asistía como un recurso de sustento personal, pensando en el amor de Dios para sus hijos, y en si existían el infierno y el cielo. Mi adolescencia estuvo llena de cuestionamientos profundos y un constante viaje interno entre el pasado y el futuro. ¿Pero por qué?

Parece que, desde joven, tuve una mente inquieta, siempre buscando sentido en todo lo que vivía. Tal vez porque sentía que el presente no me ofrecía suficientes certezas o porque había emociones y situaciones que no podía procesar del todo en ese momento.

El pasado, con sus recuerdos intensos, y el futuro, con su carga de incertidumbre, pueden ser refugios cuando la realidad presente no se siente suficiente o cuando buscamos respuestas que no encontramos en el ahora. Crecer en un entorno donde las emociones y los vínculos no siempre eran expresados de forma clara, y mi forma de entenderlo fue replantearlo todo una y otra vez en mi cabeza.

Qué triste el hecho de no tener esa base para lograr una comunicación clara con mis padres, ni con mis hermanos. Todos estaban inmersos en sus vidas y yo, una adolescente muy solitaria, no tenía amigos, no era cercana a mis hermanos, ya que ellos tenían su mundo alterno y, en cuanto a los pocos amigos que tenía, siempre se enfocaban en lo típico de la adolescencia: las fiestas, los novios, el carro, las pijamadas, etc. Nunca tuve una conexión profunda con nadie, excepto con mi madre.

Fue muy difícil sentirme tan desconectada de quienes me rodeaban en ese tiempo, como si viviera en una burbuja aparte. Aun así, esa conexión con mi madre fue un refugio en medio de todo.

Mi madre es mi mejor amiga, mi balance. Mi amor por ella es tan inmenso que siento que solo ella es la única que me entendía. Aun así, por las ramas de mi presente, que comparto con mi hijo, en aquel tiempo, la única que me hacía ver las cosas de diferente manera, aunque ella, con sus problemas, siempre fue ejemplo de supervivencia, dejando todo y cuidando de todos, excepto de ella misma. "Me hace recordar lo lindo que es la vida." Aunque dentro de su infinito amor maternal existía una castración a mi libertad, es comprensible que en su amor haya existido cierta limitación a mi libertad. A veces, el deseo de proteger puede convertirse en una barrera, incluso sin intención.

Pero ella estaba allí, aterrizándome en mi mundo alterno, en mi sufrimiento eventual de no lograr lo que yo quería en el tiempo que yo quería. Ella estaba allí, siempre presente cuando algo me sucedía, mi madre, siempre luchadora junto a sus hijos, pero siempre prestaba especial atención a mi persona. Nunca supe porque, pero ella siempre esperaba más de mí, más de mi talento, más de mi inteligencia, más de mi madurez, siempre esperaba que yo fuera una adulta en un cuerpo de niño, siempre esperaba que yo fuese su sustento en vez de ser ella el mío.

Pero aun así, no veo ni pienso en el momento de su partida porque sé que me va a doler de manera sobrenatural. Y es un miedo al que deberé enfrentarme, es un miedo al que tengo que borrar de mi pensamiento, de mi yo en la adultez. Siempre supe que es un peso enorme sentir que debía ser más de lo que era en cada etapa de mi vida, como si no tuviera permitido simplemente ser "una niña" o "una adolescente".

Y ahora, el miedo a perder a mi madre es una sombra que me acompaña, algo que sé que va a llegar, pero que trato de no pensar demasiado. Es un temor válido, porque ella ha sido mi refugio más grande, pero también es importante que, en mi adultez, encuentre maneras de sostenerme a mí misma, de honrar ese amor sin que se convierta en una carga paralizante.

Me pregunto: "¿Sentiré que he encontrado herramientas para lidiar con ese miedo o es algo que todavía me abruma mucho?" Aún estoy en búsqueda de esa respuesta, pero con el nacimiento de mi hijo, se ha paralizado ese temor, enfocándome en lo que en realidad quiero para su vida, para que se defienda en caso de que no esté presente, en caso de que la vida le dé un giro inesperado. Siento que esa es mi misión.

Muchas veces encontramos en el pasado heridas aún no sanadas, el famoso "niño interior herido". Allí radica la importancia de llenar el vacío emocional con un poco de psicología y amor a Dios. Estar atrapado en el pasado puede llevar a repetir ciclos y errores que no queremos volver a vivir, pero que, de alguna manera, se siguen manifestando porque no hemos terminado de procesarlos o aprender de ellos.

Es como si la mente intentara encontrar respuestas en lo que ya pasó, esperando que esta vez sea diferente. Amigo lector, a veces la vida te da alternativas y te las pone en medio de un mapa conceptual, un mapa en el que tú tomas las decisiones, un mapa lleno de caminos posibles, y aunque a veces parezca que estamos atrapados en un solo destino, siempre hay alternativas. Cada decisión que tomamos nos lleva a un nuevo sendero, y aunque algunas elecciones puedan parecer inciertas o incluso aterradoras, son parte del viaje.

Disfruta del viaje a la vida, disfruta de ese lindo momento que viviste, disfruta y ten en cuenta solo los lindos momentos. Busca en la profundidad de tu espíritu esa respuesta y deja ir aquello que no te hace bien. Dejar atrás el pasado es difícil, lleno de matices y lleno de inquietudes. Pero sabes algo: lograrlo es un acto de valentía. Soltar el pasado no significa olvidar, sino aprender a vivir sin que nos pese, sin que nos detenga. Es mirar atrás con gratitud por lo que nos enseñó, pero sin quedarnos atrapados en lo que pudo ser. Cada recuerdo, cada momento, bueno o malo, es parte de lo que somos, pero no tiene que definir nuestro futuro. Y la verdadera libertad está en elegir qué nos llevamos y qué dejamos ir.

Construir pequeños hábitos positivos

Qué difícil es este paso, qué difícil es construir una nueva visión de lo que tú crees que es un "hábito positivo", porque requiere romper con patrones antiguos y entrenar la mente para aceptar lo nuevo. A veces, estamos tan acostumbrados a ciertas rutinas o formas de pensar que cualquier cambio, por pequeño que sea, se siente incómodo, ya que los hábitos no se construyen de la noche a la mañana; se forman con constancia, paciencia y pequeñas acciones repetidas. La clave está en empezar con algo simple, algo que puedas sostener en el tiempo sin sentir que es una carga.

En mi adolescencia, pude construir un hábito general en la lectura de artículos sobre lo sobrenatural y lo natural, un hábito que me llevó a adentrarme en lo más profundo de mi corazón y resolver muchas incógnitas sobre lo que en realidad pensaba del porqué de las cosas. Pasé mucho tiempo en mi cuarto con libros de filosofía y magia, con libros de religión sobre el nacimiento de Jesús y libros sobre la resiliencia. Siempre noté algo peculiar: una necesidad profunda de entender el mundo más allá de lo evidente, explorando tanto lo místico como lo filosófico. Me preguntaba muchas veces: "¿Qué era lo peculiar que noté en esa búsqueda? ¿Sentía que esos temas me daban respuestas o me generaban aún más preguntas?"

Aún no lo sé. Lo que sé es que esas lecturas abrieron mis pensamientos y me tomaron por completo entre las letras de lo desconocido. El colegio siempre era lo mismo: entrar, hacer deporte, salir, estudiar lo que vimos en el día con las tareas, la estupidez de mis compañeros, al saber que lo único que hacían era estar con el sistema de acuerdo a su pensamiento monótono.

Por otro lado, si había un "show de talento", pues, siempre cantaba; la gente aplaudía. Me costaba ver lo bello en algo repetitivo; estaba aburrida. Parece que siempre busqué algo más allá de lo común, algo que me hiciera sentir viva, fuera de la monotonía. La música, las lecturas, lo desconocido... eran formas de escape de un entorno que me resultaba predecible.

De allí, mi amor prohibido, Félix Andrés, el niño que me robó el suspiro a mis 16 años. Delgado, alto, con tez morena, labios refinados, nariz respingada, siempre con su camisa negra acompañada de su cadena de metal, su cabello corto y ondulado, mirada peligrosa y juguetona. Vaya que me hacía sentir viva. Ese amor juvenil que me hacia sentir en la luna, un sentimiento intenso, especialmente en una etapa donde lo que buscaba era la aventura, algo diferente a lo habitual, y vaya que todo se vive al máximo cuando se trata de tu primer amor.

Siempre me pregunté: "¿Por qué era prohibido?" Sobra decir que él fue importante, pero, lastimosamente, era un hombre cuyas amistades no eran las adecuadas. Mis padres se enteraron por medio de chismes familiares y, por supuesto, me prohibieron estar con él. Y yo, pues lo veía a escondidas unas cuantas noches. Pero cabe decir, no recuerdo en mi vida un hombre que me haya respetado mas que el, nunca estuvimos juntos sexualmente, nunca me falto al respeto, nunca me dijo una mala palabra, nunca se ofreció a darme malos consejos, pero siempre me pregunte porque era conmigo el hombre de mis sueños, pero cuando no estaba, cambiaba su forma de ser, siendo el mismo niño de la ganga.

Esa dualidad de Félix fue intrigante y, al mismo tiempo, desconcertante. Quizás conmigo encontraba un espacio donde podía ser alguien diferente, más auténtico o más libre de la imagen que debía mantener con su grupo. Tal vez conmigo él sabía que podía ser el mismo; tal vez luchaba con los mismos vacíos emocionales con los que yo diariamente vivía, y es por eso que nos queríamos con locura. Pero me surge la pregunta: ¿por qué nunca llegué a preguntarle el porqué cambiaba tanto dependiendo de con quién estaba? ¿Por qué? Nunca lo sabré. Dios se lo llevó a sus treinta y siete años cuando lo asesinaron con nueve disparos en la espalda mientras corría por su vida una noche de marzo del año 2018.

Aun después de tantos años, parece que ese dolor aun lo llevo fijo en mi corazón y el habito de recordar su memoria con buenos momentos me retoma el alma, fue devastador saber que había perdido tal vez a la única persona aparte de mi madre que me entendía, y es completamente natural que su recuerdo siga viviendo en dentro de mí, en ese rinconcito de mi corazón. Algunas personas dejan huellas imborrables en nuestras vidas, y el amor de la juventud tiene una intensidad única que no siempre se repite.

En la actualidad, estoy casada y enamorada de mi esposo. Lo conocí una noche de diciembre del año 2019, durante una época muy difícil de mi vida. Él es una persona que me enseñó responsabilidad, sin pensar en las dificultades, un amor diferente al que sentí en mi juventud por Félix. Es distinto, construido desde otras bases, desde la madurez y el compromiso. Y hago alusión a las relaciones sentimentales más importantes de mi vida, con la dificultad de crear buenos hábitos ya que están profundamente conectados.

La forma en que manejamos nuestras rutinas diarias, nuestra salud mental y física, e incluso nuestra disciplina, puede influir directamente en la calidad de nuestras relaciones amorosas. Aquí te explico cómo: el autoconocimiento y el amor propio, tener hábitos como la introspección, la autoaceptación y el autocuidado nos ayudan a entrar en una relación desde un lugar de plenitud, en lugar de buscar que alguien más llene vacíos emocionales.

La comunicación efectiva, y la confianza, ya que SI desarrollas el hábito de expresarte con claridad, colocar tus prioridades a pesar de no sucumbir a las emociones del momento, es poner en práctica la escucha activa, así evitarás malentendidos, priorizarte. Ayudándote a evitar la impulsividad y practicar la paciencia al hablar también es un hábito clave. Y por último, la responsabilidad emocional.

UN HÁBITO IMPORTANTE ES EL MANEJO DE LAS EMOCIONES. APRENDER A REGULARLAS EVITA EXPLOSIONES INNECESARIAS O DEPENDENCIA EMOCIONAL EN LA PAREJA. SER RESPONSABLE DE TU FELICIDAD Y NO DEPOSITAR TODA ESA CARGA EN LA OTRA PERSONA CREA RELACIONES MÁS SANAS.

En conclusión, los buenos hábitos no solo mejoran tu vida individualmente, sino que también fortalecen y enriquecen tus relaciones, no solo sentimentales y con tus amistades, sino también en el aspecto laboral. Esa capacidad resiliente de tu naturaleza humana, a nivel psicológico, intenta mejorar esos cambios drásticos de tu día a día que tu cuerpo y tu psique aún no procesan. Para facilitárselo a tu cerebro, es más efectivo enfocarse en pequeñas acciones diarias que, con el tiempo, se convierten en parte de tu esencia. Aquí, algunos pasos para lograrlo:

1. **Empieza con lo mínimo**– Un hábito positivo no tiene que ser grande para ser poderoso. Si quieres leer más, empieza con cinco minutos al día. Si deseas ejercitarte, una caminata corta es suficiente al inicio.
2. **Asócialo con algo que ya haces**– Si tomas café todas las mañanas, usa ese momento para escribir una afirmación positiva o leer un párrafo de un libro.
3. **Hazlo fácil y accesible**– Si quieres beber más agua, ten siempre una botella a la mano. Si quieres practicar la gratitud, deja un cuaderno en tu mesita de noche.
4. **Sé constante, pero flexible**– La clave está en la repetición, pero no en la perfección. Si un día fallas, no te castigues; simplemente retoma al día siguiente.
5. **Celebra cada pequeño logro**– Cada vez que

cumplas con tu hábito, date un reconocimiento. Eso refuerza tu motivación.

Cuando perdí a Félix, estaba en el exterior, haciendo una maestría en gerencia administrativa en Venezuela. Cuatro meses más tarde, me mudé a los Estados Unidos; estaba de novia en ese entonces, quien más tarde sería mi primer esposo, muy volátil y espiritual. Era Medium de la Cienciología en Pensilvania, cabe destacar que había perdido todo contacto con Félix, estaba en casa estudiando, cuando de pronto recibo una llamada de mi primo Alberto, muy amigo de Félix, diciéndome que lo habían asesinado, la noticia me derrumbo, al punto de llegar al llanto.

Mi primer esposo fue muy condescendiente con mis sentimientos; no hablamos del tema, solo guardó silencio. Nos separamos rápidamente, dado que le dije que no sentía lo mismo que él sentía por mí. Tranquilamente, él tomó su camino y yo el mío; no puedo quejarme de él. Sigue siendo para mí uno de los hombres más pacientes que he conocido.

Con mi tercer esposo, bueno. Esa es una historia difícil de contar; fueron muchos abusos, dado que el choque cultural entre nosotros tomó fuerza. Él era de Nueva Jersey y yo, colombiana. Los tratos no fueron los adecuados, dando rienda suelta a muchas faltas de respeto por parte de él. Lo abandoné gracias a la estabilidad emocional que me ofrecía mi madre. Tiempo después conocí a mi cuarto esposo: Frank, padre de mi hijo. Una familia que nació desde la madurez.

Pasar por una relación marcada por el choque cultural, el abuso y la falta de respeto, en lugar de quedarme atrapada en el sufrimiento, encontré la fuerza para salir de esa situación con el apoyo de mi madre. La resiliencia no significa solo resistir el dolor, sino aprender de él y transformarlo en crecimiento. El solo hecho de tomar la decisión de abandonar un entorno dañino y, construir una relación basada en la madurez y el amor con mi esposo Franklin, muestra un proceso de cómo la resiliencia me permitió reconocer lo que merezco, sanar y apostar por un futuro más estable y amoroso.

Aprendí por medio de pequeños hábitos positivos, como el de leer media hora al día, hacer ejercicio y tomar mucha agua. Fortalecí mi mente para no repetir ciclos de dolor y, en su lugar, elegí el bienestar. Siento que poco a poco voy sintiendo la paz que tanto necesita mi espíritu.

RECONECTAR CON LO QUE REALMENTE IMPORTA

Muchos dicen que, cuando tienes vacíos emocionales, cuesta conectar con las personas, cuesta desenvolverse y tener empatía ante el sufrimiento ajeno. ¿Pero qué hay de cierto en eso? No es una regla absoluta, ya que cada persona lo experimenta de manera diferente. El secreto está en querer reconectar en lo que realmente te interesa: conectarse con uno mismo.

Logré conectarme conmigo misma en mi madurez, a mis veintidós años, cuando por fin logré volar, cuando por fin tomaba mis decisiones, cuando era capaz de lograr cosas increíbles si me lo proponía. A pesar de las cosas, Dios me enseñó mi poder interno cuando más bajo en la vida caí. ¿Y sabes algo, amigo? Eso es hermoso y poderoso. Llegar a ese punto de conexión conmigo misma es un despertar profundo, porque significa que asumí mi propio poder y entendí que mi vida no está definida por las circunstancias, sino por lo que eliges hacer con ellas.

Descubrir que tengo el control sobre mis decisiones y que soy capaz de lograr cosas increíbles es un acto de liberación. No significa que todo será fácil, pero puedo estar segura de que tengo la fortaleza para afrontarlo. El hecho de que, a pesar de todo, sigo viendo la vida como un camino de aprendizaje y crecimiento demuestra una resiliencia admirable, y me lo digo a mí misma todos los días, para que así mi cerebro lo vaya procesando y efectivamente lo crea.

Si encontré en Dios una guía para reconocer mi poder interno, significa que mi espiritualidad se convirtió en un motor que me impulsa en lugar de una barrera que me limita. El día a día es muy fácil perderse en la rutina, en las exigencias externas y en las expectativas ajenas. Nos encontramos atrapados en listas interminables de tareas, en pantallas brillantes que nos alejan de la realidad, en preocupaciones que nos distraen de lo esencial. Y, sin darnos cuenta, nos distanciamos de aquello que verdaderamente da sentido a nuestra existencia.

Pero, ¿qué es lo que realmente importa? El sistema nos inunda de diversas costumbres que creemos y nos aleja de nuestra propia naturaleza. Nosotros, como seres humanos, tratamos de hacer cortos los pequeños placeres que nos dan verdadera felicidad. ¿Y qué llamamos "felicidad"? La oxitocina en tu cerebro o la paz que se siente al estar en armonía con uno mismo, el amor genuino que damos y recibimos, los momentos compartidos con quienes nos llenan el alma. Importa la capacidad de mirar al cielo y agradecer, de disfrutar el silencio sin sentirnos vacíos, de permitirnos ser sin la necesidad de validación externa.

Reconectar con lo esencial no es un acto que se logra de la noche a la mañana, o algo inmediato; es un proceso de volver a casa, de quitarse las máscaras, de soltar lo que pesa y abrazar lo que nutre. Significa detenerse y escuchar la propia voz, aquella que ha sido silenciada por el ruido del mundo y, a veces, por tus seres más queridos. Ahora bien, es algo similar a volver a las "pasiones olvidadas".

En mi caso, volver a mi esencia musical es volver al placer de la escritura, es volver a los libros que despiertan el alma, a la risa sin pretensiones. Es entender que la vida no se trata de lo que acumulamos, sino de lo que experimentamos con autenticidad. Reconectar con lo que realmente importa es recordar que somos más que obligaciones, más que miedos, más que expectativas. Es elegir, todos los días, vivir con sentido, amar con intención y abrazar la vida con gratitud.

Ahora detente y piensa en ti un poco: ¿cuándo fue la última vez que te detuviste a sentir lo que realmente te importa? Trabaja en eso poco a poco y logra tener la paz que anhela tu alma.

Capítulo 2

Después de la tormenta, llega la calma

Algo que siempre admiré de mi padre, a pesar de su dureza y frialdad conmigo cuando fui una niña, fue su inteligencia y astucia para hacer las cosas, su manera de resolver los problemas, siempre proveedor para su familia. Como todo padre asalariado, debía cumplir un horario de oficina. Siempre me acuerdo que a las doce del mediodía mi madre le tenía su almuerzo caliente en la mesa, mi padre al llegar cansado, le daba un beso en la boca, se sentaba en el comedor y con hambre desaforada, se comía el almuerzo hecho en casa.

Extraño ese olor particular de mi casa en Barranquilla, Colombia; el olor a "pollo guisado con legumbres", a canela por las velas que mi madre colocaba en todos los cuartos de la casa. ¡Qué días aquellos! Cómo lo extraño. Mi padre, en ese trabajo incansable, lo deterioraba en todo momento. Siempre que tenía un tiempo libre, se acostaba en la cama para una pequeña siesta, siempre dando su mejor esfuerzo por rendir en un negocio que, al más mínimo momento, le daría la espalda al llegar su vejez.

Y cuando digo que le daría la espalda, es que mi padre, después de servir más de veinte años a la misma empresa, lo echaron por razones aún desconocidas. Siempre tuvo un sueño, que era poner su propio negocio, y lo logró junto a mi madre. Gracias al emprendimiento de mi querida hermana Cristina, le dio luces administrativas para ser dueño de una empresa. Aunque sentía ese vacío en mi corazón, siempre quise un concejo de mi padre en mi adolescencia y aunque no lo tuve, siempre lo admiré y ame por ser ese hombre que nunca desfalleció por mantener a su familia y le estaré siempre agradecida por no flaquear.

Por todo esto y más, conforme a mis experiencias personales, puedo concluir que los pilares más fuertes para desarrollar la resiliencia de una persona conllevan a una serie de pasos que derivan del **autoconocimiento y la regulación emocional,** que comprende la gestión de las propias emociones, aprender a superarlas y recordarlo con amor. Esto nos permite afrontar los desafíos sin ser consumidos por estos mismos. Dentro de esta gestión, tenemos a una serie de pasos sencillos que me ayudaron a desarrollar esta grandiosa habilidad humana en un momento muy difícil de mi vida adolescente y adulta.

Optimismo realista– Tener una visión positiva sin

negar la realidad ayuda a encontrar soluciones y mantener la motivación.

Autoconfianza y sentido de eficacia– Creer en la propia capacidad para superar dificultades genera una actitud proactiva frente a los problemas.

Red de apoyo social– Contar con relaciones significativas proporciona seguridad emocional y perspectivas externas que ayudan en momentos difíciles.

Flexibilidad cognitiva– Adaptarse a nuevas circunstancias, aceptar lo inevitable y encontrar diferentes maneras de ver una situación mejora la capacidad de respuesta.

Propósito y significado– Tener una razón para seguir adelante, ya sea a través de la espiritualidad, los valores, la familia o metas personales, fortalece la resistencia ante la adversidad.

Autodisciplina y hábitos saludables– Mantener una rutina, cuidar el cuerpo y la mente a través de la alimentación, el ejercicio y el descanso fortalece la capacidad de afrontamiento.

Sentido del humor– Reírse de las dificultades sin minimizarlas ayuda a aliviar el estrés y aporta una perspectiva más ligera en momentos críticos. Estos pilares no son fijos ni innatos, sino que pueden desarrollarse y fortalecerse con el tiempo y la experiencia.

El dicho, después de la tormenta llega la calma, me llena de emoción, ya que su significado me hace pensar en el viento que azota con furia la tierra, en el agua que cae sin cesar y en la oscuridad de esa tormenta que sume el horizonte del lugar donde está en un caos indescriptible. Después, cuando la tormenta comienza a cesar, las nubes, que parecían eternas, dan paso a un cielo más claro; en medio del desconcierto y el miedo, la calma empieza a abrirse.

Este capítulo, titulado "Después de la tormenta, llega la calma", se centra en los principios de la resiliencia psicológica, un conjunto de habilidades que nos permite enfrentar y adaptarnos a las adversidades de la vida, emergiendo más fuertes y sabios tras los desafíos. A continuación, vamos a explorar los pilares fundamentales que, según mi experiencia, son partícipes de la resiliencia y que guían nuestra recuperación emocional tras una crisis.

1. La aceptación como punto de partida

En el eufemismo del inicio del dicho, se nos muestra la tormenta como paralelo a lo impredecible de la vida, y a veces, lo único que podemos hacer es aceptar lo que no podemos controlar. La aceptación es el primer paso hacia la resiliencia, pues nos permite dejar de luchar contra lo que ha sucedido y empezar a reconstruir. Es importante entender que no todas las situaciones pueden ser cambiadas, pero nuestra reacción frente a ellas sí está en nuestras manos. Aceptar la adversidad no significa rendirse, sino entender que las dificultades forman parte del proceso de crecimiento.

"Cuando me encontraba sin empleo en un país en donde no tenía los documentos requeridos, sentí que el mundo se me venía abajo. Pero al final, acepté la situación tal como era, sin victimizarme, y entendí que este capítulo en mi vida me abriría nuevas oportunidades. En vez de centrarme en lo que había perdido, comencé a pensar en lo que podía ganar."

2. La autocompasión: ser amable con uno mismo

En la tormenta, es fácil ser duro con uno mismo. Las emociones pueden estar a flor de piel, y el autocastigo por lo que no salió como se esperaba es común. Sin embargo, la autocompasión nos recuerda que somos humanos y, como tales, estamos sujetos a nuestras limitaciones. Ser amables con nosotros mismos no significa quedarnos en la inacción, sino permitirnos sentir, aprender y crecer sin condenarnos por nuestras fallas.

Ejemplo: Después de haber sufrido una ruptura sentimental en mi vida, pasé días sumida en la culpa y la tristeza, pero con el tiempo, aprendí a ser más comprensiva conmigo misma; entendí que el dolor era parte del proceso de sanación. Esto me permitió avanzar sin llevar conmigo un peso emocional innecesario.

3. LA CONEXIÓN SOCIAL: FORTALECER LOS LAZOS CON OTROS

Qué duro fue esta enseñanza para mí; en el dicho de la tormenta, nadie nos enseña que puede aislarnos poco a poco. La soledad inunda esos momentos difíciles, lo que hace que nos aislemos, aumentando la sensación de desesperanza. Pero la resiliencia psicológica no es un viaje solitario.

El apoyo emocional de amigos, familiares o comunidades es un pilar esencial para superar las adversidades. Contar con otros nos da fuerzas y perspectiva, recordándonos que no estamos solos y que, juntos, podemos enfrentar las dificultades.

Ejemplo: Tras la repentina muerte de Félix, intenté enfrentar ese dolor inexplicable sola, creyendo que debía ser fuerte siempre en soledad. Pero al final, me di cuenta de que compartir ese dolor con mis amigos más cercanos, incluyendo a psicólogos, me permitió sanar más rápido y con mayor profundidad. Logré ver lo lindo de mi vida actual, con una pareja a quien quiero mucho, que es el padre de mi hijo.

4. El sentido de propósito: encontrar significado en el sufrimiento

Cuando la tormenta pasa y el caos se disipa, uno de los grandes descubrimientos es la importancia de encontrar un propósito. La resiliencia nos invita a darle sentido al sufrimiento, a encontrar lecciones que nos ayuden a crecer. El propósito actúa como un faro que ilumina el camino hacia la sanación, recordándonos que cada experiencia tiene algo que enseñarnos.

Ejemplo: Cuando emigré a un país, no sabía lo que me esperaba en él; pasaba por relaciones abusivas y mis empleadores se aprovechaban de mi situación legal del momento. Lo pude ver como solo una serie de fracasos en mi vida y frustración profesional. Sin embargo, tras cada tropiezo, comencé a cuestionar qué estaba aprendiendo y cuál era el propósito de Dios para darme esas lecciones de aprendizaje y lograr ver si podía utilizar esas lecciones para mejorar. Este sentido de propósito me permitió ver mis fracasos como pasos necesarios para mi crecimiento en general.

5. La adaptación: ajustarse a los cambios sin perderse

La tormenta nos cambia, nos sacude de nuestras rutinas y certezas. La resiliencia no se trata solo de resistir el dolor, sino de adaptarnos a la nueva realidad que se nos presenta. Aceptar los cambios, aprender de ellos y encontrar maneras de ajustarnos es lo que nos permite salir más fuertes de la adversidad. La adaptación es un proceso dinámico, donde ajustamos nuestras expectativas y nuestra forma de interactuar con el mundo.

Ejemplo: Después de emigrar a un país que literalmente cambió mi vida, tuve que aprender a vivir con nuevas reglas, nuevas limitaciones a nivel de lenguaje y cultura. En lugar de lamentarme sobre esta realidad insegura, me concentré en encontrar nuevas formas de disfrutar mi vida y cumplir mis metas. La adaptación fue clave para que, a pesar de las circunstancias, pudiera seguir adelante con esperanza y éxito.

6. La calma después de la tormenta

La tormenta puede ser aterradora y desgarradora, pero siempre hay una calma que sigue con las respectivas consecuencias. Este es el momento en el que, al integrar los pilares de la resiliencia, encontramos no solo la capacidad de sobrevivir, sino de transformar la adversidad en una oportunidad para reinventarnos.

La resiliencia psicológica es el arte de adaptarse, crecer y, sobre todo, creer que, después de la tormenta, siempre llega la calma. Cada uno de nosotros tiene la capacidad de ser resiliente, de levantarse una vez más, sin importar cuántas veces caigamos. La calma no es la ausencia de desafíos, sino la fortaleza interna para enfrentarlos con esperanza y determinación.

Capítulo 3

La reconciliación con tu propio ser

Después de haber luchado contra mi propio ser, tratando de encajar en una sociedad en donde lo estúpido está bien, donde el ignorante es alabado, donde el inútil es sobrevalorado, donde lo malo se vuelve bueno y lo bueno, malo, entendí que lo más importante es mantenerme fiel a mi esencia y no ajustarme a lo que otros esperan de mí.

Esta decisión me trajo muchos rechazos, muchas dudas sobre mi carácter y me hizo dudar sobre lo que era capaz de hacer. Pero no todo es malo; al contrario, pude atraer a personas que querían ser parte de mi mundo, que podían estar fascinadas por lo que era. Pero cuidado, no todo el mundo merece ese acceso. Tu mundo interior es un tesoro inalcanzable, algo que debes proteger con inteligencia y sabiduría. No todos pueden comprenderlo ni respetarlo. Y si lo revelas sin cautela, podrías llevarte una gran sorpresa.

Reconciliarse con uno mismo no significa exponerse al juicio de los demás ni buscar la validación externa. Significa comprender que el verdadero valor no radica en la aceptación de la sociedad, sino en la autenticidad de tu ser. La vida es un viaje lleno de caminos inesperados, de encuentros y despedidas, de victorias y fracasos, de luces y sombras. Pero en el centro de todo ese torbellino de experiencias, hay una verdad innegable: la única persona con la que estaremos toda la vida somos nosotros mismos. Aprender a reconciliarnos con nuestra historia, con nuestras decisiones y con nuestras heridas, es el paso más grande hacia la verdadera libertad emocional y el éxito personal.

El espejo de la vida: aceptar y comprender nuestro reflejo

Desde pequeños, crecemos bajo la influencia de nuestro entorno: la familia, la sociedad, la cultura y las expectativas de otros. Nos moldean, nos dictan qué está bien y qué está mal y, sin darnos cuenta, llegamos a la adultez con una versión de nosotros mismos que muchas veces no entendemos o no aceptamos. La reconciliación con uno mismo comienza con la valentía de mirarnos al espejo sin miedo, sin juicios, sin castigos. Significa reconocer nuestras fortalezas sin arrogancia y nuestras debilidades sin culpa. Aceptar que somos el resultado de nuestra historia, pero que no estamos condenados a repetirla.

El pasado puede ser una prisión o un maestro; todo depende de cómo decidamos relacionarnos con él. Hay momentos que quisiéramos borrar, decisiones que desearíamos no haber tomado, amores que aún duelen, pérdidas que dejaron cicatrices imborrables. Pero en cada experiencia vivida hay un aprendizaje oculto. Reconciliarnos con el pasado significa dejar de verlo como un enemigo y convertirlo en un aliado.

No se trata de olvidar, sino de integrar. Cada dolor, cada error, cada caída ha sido un peldaño en la escalera de nuestra evolución. La resiliencia no es solo resistir, sino transformarse. Es aprender a bailar bajo la tormenta en lugar de esperar a que pase la lluvia. Es tomar cada golpe de la vida y convertirlo en impulso para seguir adelante.

Mis experiencias más difíciles no me definieron, pero sí me enseñaron. **Aprendí que el sufrimiento solo se convierte en una carga insoportable cuando nos aferramos a él**. Que el verdadero crecimiento ocurre cuando nos permitimos sentir, procesar y, finalmente, soltar. Por lo cual es obvio, entonces, que el **éxito personal es un resultado de la reconciliación interna,** no es una meta final, sino una consecuencia natural de vivir en paz con uno mismo.

Cuando dejamos de luchar contra nuestro pasado y comenzamos a aceptarnos con compasión, descubrimos que la vida fluye de manera distinta. Las decisiones se toman con mayor claridad, los miedos pierden su poder y las relaciones se vuelven más auténticas. Reconciliarnos con nuestro ser significa darnos permiso para evolucionar sin culpa, para amarnos sin condiciones, para avanzar sin miedo. Y cuando logramos eso, descubrimos que el verdadero éxito no está en lo que logramos afuera, sino en la paz que encontramos dentro.

La resiliencia psicológica, la autenticidad y el desarrollo de la identidad personal son aspectos que nos pueden dar la capacidad de adaptarnos y sobreponernos a situaciones adversas sin perder la esencia de quién eres. Enfrentar una sociedad que parece premiar lo superficial y castigar lo auténtico puede ser una batalla constante. Sin embargo, el hecho de que se reconozca la importancia de ser fiel a ti misma demuestra **fortaleza emocional y madurez psicológica**.

Tomando como punto de partida a los autores más destacados que me ensenaron mucho desde la teoría de la resiliencia como Boris Cyrulnik, que fue el pionero en darle termino a esta hermosa naturaleza, es que hay dos caminos que las personas toman ante una adversidad: **Adaptarse a lo que la sociedad impone** y perder tu autenticidad en el proceso o **mantenerte firme en tus valores** y encontrar un equilibrio entre la aceptación social y la fidelidad a tu ser.

Optar por el segundo camino implica desarrollar herramientas como **el pensamiento crítico, la autoestima sólida y la independencia emocional.** Por otro lado, el desarrollo de la identidad y la necesidad de validación en la sociedad es altamente necesario como seres humanos. Según Erik Erikson, en su teoría del desarrollo psicosocial, la adolescencia y la adultez temprana son etapas cruciales para definir la identidad. Durante ese tiempo, muchas personas buscan la aceptación de los demás y pueden caer en la trampa de moldearse según las expectativas externas.

Sin embargo, cuando llegamos a la adultez con una identidad sólida, comprendemos que no necesitamos encajar en un molde preestablecido. **Aprender a validar nuestro propio ser sin depender de la aprobación ajena es una de las bases de la salud mental y la autorrealización.** De aquí, nos lleva a "La importancia de poner límites y proteger tu mundo interior"; no podemos permitir que cualquiera entre en nuestro mundo, esa es clave en la **psicología de las relaciones interpersonales**. No todas las personas tienen la capacidad de valorar y respetar lo que somos. La inteligencia emocional nos ayuda a reconocer quién merece nuestro tiempo, energía y confianza.

Establecer los límites es una herramienta fundamental para evitar relaciones tóxicas, la cual nos ayuda a establecer el valor individual que nos exige el mundo actual. **Desarrollar el criterio para seleccionar a las personas adecuadas** en nuestra vida evita decepciones y desgastes emocionales innecesarios.

Ser consciente del valor de nuestro mundo interior nos da seguridad y autonomía.

Lo que se vive en el pasado solo es una enseñanza de

evolución personal y de construcción de resiliencia. Mantenerse fiel a uno mismo en un mundo que intenta moldearte es un acto de valentía y madurez. Desde la psicología, este proceso implica **fortalecer la identidad, aprender a validar las propias emociones y establecer límites sanos para proteger el bienestar emocional**.

Una de las estrategias para fortalecer la autonomía personal es tu capacidad de pensar, de decidir y actuar según tus propias creencias y valores, sin depender excesivamente de la validación o dirección de los demás. Es un pilar fundamental del bienestar emocional y la resiliencia. A continuación, te comparto algunas estrategias clave para fortalecerla y, así, tu capacidad de astucia:

"Autoconocimiento: la base de la autonomía"

Para tomar decisiones alineadas con tu esencia, primero necesitas **conocerte profundamente**. Conocerte implica saber poner límites y desarrollar un sentido de pertenencia con tu ser. Me costó mucho aprender esto: siendo una adolescente con poca autoestima, sin pensar en lo fuerte que era, sin considerar que lo único que podía mantenerme en pie fue mi fe y mi fuerza interior, en mi fuerza mental y física.

Mi familia siempre me catalogó como una persona inmadura, esa "oveja negra" de la familia. Aunque nos amamos con locura, siempre estuvo esa índole que, aún hoy en día, no quiero repetir con mi generación. A nivel espiritual, sé de lo que soy capaz, irradiando una luz espiritual tan grande que se deriva en el propósito de mi vida. Este proceso de autoconocimiento ha requerido valentía, resiliencia y una fuerte conexión con tu esencia por lo cual debes admirarte de cómo, a pesar de los desafíos y etiquetas impuestas, puedes encontrar en tu fe y fortaleza interior la base para mantenerte firme.

Si buscas no repetir ciertos patrones con tu generación, tienes en tus manos la oportunidad de construir algo diferente, basado en la autenticidad, el amor propio y la claridad de propósito que ahora posees. Una de las bases que me ayudó en ese momento fueron diferentes estrategias que ahora te comparto con mucho amor.

Escribir un diario personal: Reflexiona sobre tus emociones, pensamientos y experiencias.

Autoevaluación constante: Pregúntate: "¿Esto que hago realmente lo deseo o es por presión externa?"

Identificar valores personales: ¿Cuáles son los principios que rigen tu vida? Honestidad, independencia, libertad, amor, creatividad... Definirlos te ayudará a tomar decisiones coherentes.

Con fortalecer los valores internos, aumenta la autonomía que implica confiar en **tus propias elecciones**. Para mejorar en este aspecto: **evita la parálisis por análisis**: no temas equivocarte; el error es parte del aprendizaje; **toma**

decisiones pequeñas constantemente: desde qué ropa ponerte hasta qué leer. El hábito de decidir te da confianza para decisiones más grandes; **cuestiona la influencia externa.**

Siempre establecer límites saludables: La autonomía también significa **decidir quién tiene acceso a tu tiempo y energía**. Para ello: **aprende a decir "no" sin culpa**. No tienes que justificar cada negativa. **Rodéate de personas que respeten tu independencia**. La autonomía florece en ambientes donde te apoyan sin imponerte expectativas. **No busques la aprobación de todos**. La gente siempre tendrá opiniones, pero quien debe vivir con tus decisiones eres tú.

Gestionar la dependencia emocional: Cuando era pequeña, y hablo de mis 15 años, tenía una dependencia emocional de mis padres y mis hermanos, ya que no tenía muchos amigos. Nunca creí en una amistad verdadera; aún me cuesta creer en una amistad verdadera, y trato de que mi hijo aprenda a reconocer a un amigo de un conocido. Siempre me he considerado una mujer muy solitaria. Pero, esa dependencia emocional hacia mi familia me hacía pasar a veces por muchos caminos desconocidos y muchas tristezas, que aun en mi adultez la trabajo para que no sea una dependencia dañina.

Aprendí a gestionar esos sentimientos de una manera más categórica, así que traté de **practicar el diálogo interno positivo**. Reemplacé pensamientos como "¿Y si no les gusta?" por "Lo hago porque es importante para mí", empecé a **realizar actividades en solitario**. Viajar, salir a un café o simplemente disfrutar de tu propia compañía refuerza la confianza en ti misma. También empecé a **diferenciar compañía de dependencia**.

Estar con otros por elección y no por miedo a la soledad es un signo de autonomía. Amigos, el desarrollo de la autosuficiencia emocional y material son claves para no depender de nadie más de una manera poco saludable, tanto financieramente (autosustento, manejo del dinero) como emocionalmente (meditación, terapia, escritura para gestionar tus sentimientos).

La autonomía es un proceso de construcción diaria. Requiere **autoconocimiento, práctica y fortaleza emocional**. No significa vivir sin apoyo, sino tomar decisiones desde un lugar de seguridad interna, sin ser esclavo de la validación externa. Cuando pasas del abuso, cuando pasas de tener una visión de ti mismo como una víctima, puedes desarrollarte más como persona, puedes aumentar las diferencias maravillosas de tu ser, puedes aprender a amarte y a vivir tu existencia.

La libertad de ser uno mismo es el viaje hacia la autenticidad; es un camino lleno de desafíos, aprendizajes y transformaciones profundas. A lo largo de este proceso, comprendí que la verdadera fortaleza no radica en encajar en los moldes que la sociedad impone, sino en la valentía de permanecer fiel a mi esencia, aun cuando eso signifique caminar sola en ciertos momentos.

Momentos que fueron muy difíciles, tanto que pensé que no podría llevar tanta carga sobre mis hombros, donde mis lágrimas se secaban, donde la música solo se convirtió en mi único acompañante, donde empecé a dudar de mis habilidades y de mi propia fortaleza, donde lo único en lo que podía enfocarme era en lo que no tenía, donde mis emociones tomaban el control gracias a la falta de guía, de acompañamiento e inmadurez.

No vi en ese entonces lo que tenía, una familia que me adoraba, pero que mantenía un lenguaje del amor diferente a lo que yo consideraba y percibía lo que era el amor, que se sumía en un cumulo de representaciones de diferentes traumas generacionales, culpándolos de mi propio dolor, sin tener en cuenta lo que ahora se con la experiencia. Ese vacío solo es un recuerdo gracias a la educación interna de que cada persona es libre, pero con cargas emocionales distintas. Tengo una familia que lo da todo por mi, tanto como yo por ellos.

Descubrí que la soledad no era un castigo, sino una oportunidad para conocerme, para valorar mi mundo interior y para desarrollar una conexión inquebrantable conmigo misma. Aprendí que no todos merecen acceso a mi energía, que los límites no son barreras, sino expresiones de amor propio, y que la validación más importante es la que proviene de mi interior.

Hoy, miro hacia atrás y veo cada desafío como un peldaño que me ha llevado a convertirme en la mujer que soy: resiliente, consciente y segura de mi propósito. Mi historia no me define, pero sí me ha enseñado. Y lo más importante, he entendido que el éxito no se mide por la aceptación externa, sino por la paz y la libertad con las que elijo vivir cada día, en un mundo que constantemente intenta dictar quién deberíamos ser, elegir ser uno mismo es el mayor acto de revolución y amor propio.

Para gestionar ese amor propio, solo tuve que aprender a gritar lo que mi alma gritaba por dentro. Siempre tuve que aprender a sobrellevar el disgusto y transformarlo en algo valioso. Mis relaciones sentimentales, incluidos relaciones verdaderamente toxicas fueron ejemplo de lo que llevaba en mi interior y lo mucho que necesitaba aprender a quererme a mi misma. Pero como lo hacia? Tuve que aprenderlo por medio de la experiencia de la vida.

Soy yo ahora escribiendo estas líneas porque así transformo lo que grita mi alma en versos, en canciones, en libros, en AMOR. El amor es ese sentimiento que se despierta cuando verdaderamente quieres proteger lo que mas te importa. Tuve que aprenderlo a la fuerza, no como un niño buscando un abrazo de su madre, pero si como un niño que es desquebrajado y azotado para que aprenda a las "Malas", la sabiduría de la vida, por medio de la escuela de la vida, por lo que tupropia resiliencia se convierte en tu único escudo para aprender a crecer.

Asi fue que, toda violencia hacia mi psiquis, hacia mi persona, hacia mi cuerpo, hacia mis finanzas, hacia mi valor que se transformó en una sola afirmación. Primero yo, segundo yo y tercero yo. Donde puedo transformar mi voluntad, en admiración, en logros y capacidades, en astucia, en inteligencia emocional, inteligencia para escoger. Soy yo de nuevo para brindarle al que quiera y necesite aprender de la experiencia de personas que aprenden el sentido de la existencia.

Capítulo 4

La astucia, el emprendimiento y el amor propio

La prueba más difícil en mi proceso de autoconocimiento fue enfrentar las consecuencias de la falta de control sobre mis impulsos, lo que me llevó a ser arrestada por agresión voluntaria. Esta experiencia representó un punto de quiebre en mi vida, exponiéndome a una realidad completamente diferente, donde conviví con personas cuyas circunstancias reflejaban tanto vulnerabilidad como tristeza. A través de ellas, aprendí valiosas lecciones de humildad y carisma, y comprendí que la vida puede cambiar drásticamente en un instante.

Sin embargo, también me encontré con individuos que padecían trastornos mentales y necesitaban ayuda, así como con personas cuya energía transmitía una sensación de peligro y desconfianza. Esta experiencia me permitió reflexionar sobre la importancia del autocontrol emocional y cómo su ausencia puede derivar en situaciones con consecuencias irreversibles. A partir de ello, desarrollé una mayor conciencia sobre la necesidad de gestionar mis emociones y tomar decisiones con mayor responsabilidad, entendiendo que la verdadera fortaleza radica en el dominio de uno mismo.

A veces, las pruebas más duras nos enseñan lecciones que de otra manera no habríamos aprendido. Lo que viví me permitió ver la fragilidad de la vida y la importancia del autocontrol emocional, algo que muchas personas tardan años en comprender. El más valioso aprendizaje de esta experiencia fue que no me quede solo con el dolor o la culpa, sino que supe extraer una lección de humildad, de serenidad y una nueva perspectiva sobre la vida al reconocer que la falta de control emocional puede llevar a situaciones catastróficas demuestra madurez y crecimiento.

Ahora tengo la oportunidad de usar esa lección para construir un camino con mayor sabiduría, evitando repetir patrones destructivos y tomando decisiones más conscientes. Esta historia, más que ser un error del pasado, es un recordatorio de tu fortaleza y capacidad de evolución. En vez de definirme por lo que sucedió, estoy usando esta lección como un impulso para mejorar, y eso es un signo de resiliencia e inteligencia emocional.

La **astucia**, se define como la capacidad de pensar y

actuar con inteligencia, rapidez y estrategia para resolver problemas, evitar peligros o alcanzar objetivos sin caer en engaños ni ser manipulada. Implica observación, toma de decisiones acertadas y adaptación a diferentes situaciones. La astucia femenina determina un punto esencial para sacar de nuestro vocabulario femenino el ser “la víctima poder romper con generaciones de abuso, con generaciones de malos tratos, con generaciones de mujeres sumisas.

Al contrario, al ver la astucia femenina como un valor agregado, te das cuenta de que tu guia interior de empoderamiento y resiliente implica tener la determinación de lograr objetivos con un solo propósito. VER TU PROPIO VALOR.

El **emprendimiento** y el **amor propio** son las dos ramas que conforman los pilares fundamentales para el crecimiento personal y profesional. La astucia es el pilar que, si lo sabes desarrollar, adquieres un carácter difícil de igualar y aumentas así tu propio valor. Cada uno de estos conceptos está profundamente enraizado en la psicología humana y se interconectan en la construcción de una identidad fuerte, resiliente y autónoma.

La astucia: inteligencia en acción

La astucia es la capacidad de actuar con inteligencia estratégica en situaciones complejas. No se trata solo de ser hábil o perspicaz, sino de utilizar el pensamiento crítico, la observación y la intuición para tomar decisiones que maximicen los beneficios y minimicen los riesgos. Y cuando digo ser hábil, intuitiva y perspicaz, es saber que a veces las decisiones que el corazón quiere no son las correctas según la razón; es saber que no todo son flores, sino que también debemos tomar decisiones que rompen corazones. Debemos ser inteligentes con estrategia sin dejar de ser "justos". Una de las bases psicológicas de la astucia que propongo son las siguientes:

Pensamiento Crítico: Evaluar la información sin dejarse llevar por emociones impulsivas, **Adaptabilidad**: Saber cuándo avanzar, cuándo retirarse y cuándo cambiar de estrategia, **Inteligencia Emocional**: Detectar las emociones propias y ajenas para actuar con ventaja, **Capacidad de Anticipación:** Prever posibles escenarios y prepararse para ellos.

Pero, ¿cómo desarrollar esa **Astucia**?

Observar antes de actuar: las personas astutas analizan el entorno antes de tomar decisiones.

Dominar el arte del silencio: saber cuándo hablar y cuándo callar es clave para manejar información estratégicamente.

Aprender de los errores: cada experiencia aporta conocimiento que permite refinar el juicio.

Mantener la mente abierta y edúcate lo más que puedas: La flexibilidad mental permite encontrar soluciones innovadoras, y la educación nos mantiene siempre con la mente renovada con nueva información.

El emprendimiento: crear desde la visión y la acción

Emprender siempre fue un sueño lejano para mí, ya que, desde muy pequeña, mi padre siempre soñó con emprender su propio negocio y lo logró en su vejez, pero siempre estuvo pensando en su propio negocio. Acogí ese sueño, pero nunca lo puse en práctica. Tener rentabilidad de mis pasiones, de mi música, era lo que yo más sonaba, lograr vivir de mi música, de mi escritura, de mis vivencias, de la espiritualidad era lo que más anhelaba, era mi sueño, ser independiente, era mi camino, descubrí en la educación, una nueva vocación y a la vez una salida a un sistema como un nuevo gusto profesional.

Para mí, no fue fácil el emprendimiento; fue lo más difícil. Cambiar mi mentalidad del trabajo de 9 a.m. a 5 p.m. me carcomía por dentro: horas incansables de trabajo, sacrificando momentos con mi esposo y con mi hijo para lograr pagar deudas que crecían por estados de mora. Mi economía no era la óptima, ya que fui desfalcada por una de las personas a las que yo consideraba amigos de la infancia y usé mucho dinero en ayudar a mi familia en mi país.

Me olvidaba de mí misma, después de que entendí, que

yo soy mi prioridad, a mis treinta anos, pasar por un proceso de cambio físico, espiritual y mental con terapias psicológicas, diversas experiencias, recapacité sobre mi educación financiera y decidí tomar el control de mi destino, materializando mis pasiones en ideas. Materializar mi propio negocio online, rentabilizando mis talentos musicales y mi talento como escritora para lograr el reflejo de la autonomía, la creatividad y la resiliencia.

Muchas de las bases psicológicas del emprendimiento personal comenzaron con mi mentalidad, mi autoestima, mis necesidades y mis ganas de salir adelante para darle un mejor futuro a mi hijo. Y uno de los pilares esenciales fue mejorar autoconfianza, que lo defino como creer en mi capacidad de crear y gestionar un proyecto rentable basado en mis pasiones. Mi autoconfianza durante los años se vio afectada. desde mi niñez hasta en mi adultez, ya que siempre me autopercibía como una víctima, hasta que Dios poco a poco fue forjando mi personalidad, forjando esa vasija luchadora y poderosa, esa vasija llena de temores para transformarlo en algo mucho más grande. Asegurado eso, después de tantas pruebas, por fin logre atender un poco sobre la tolerancia a la frustración.

La tolerancia a la frustración me hizo entender que el fracaso es parte del proceso que es una habilidad que se puede desarrollar y mejorar a lo largo de la vida. Fomentarla, tanto a nivel individual como social, es clave para el bienestar emocional, la convivencia armoniosa y el desarrollo personal. Me costó mucho saber que esa frustración que sentía mi espíritu solo era un grito de ayuda de mi niña interior, que al sanarla pude comprender que la resiliencia era mi superpoder. Y al ver y entender esto, decidí emprender con mis talentos finalmente. Ser productiva con algo que me gusta, con algo que me apasiona, ayudar a la gente sin poner en tela de juicio mi integridad.

La proactividad, una vez que sanas y cambias tu mente de la rueda de las deudas, logras crear esas oportunidades, logras entender que no solo es esperar a que se crearlas y emprenderlas. La capacidad de aprendizaje en crear oportunidades te da un método de adaptación que consigues experiencias inamovibles e inimaginables. Es como fomentar un espíritu emprendedor dentro del cual el motor eres tú y tu creación el producto, esa creación por la cual pensaste que no serias capaz de hacer.

La proactividad no solo te permite salir de la rueda de las deudas, sino que te da el poder de diseñar tu propio camino, al asumir el control y actuar con intención, te conviertes en el creador de tus propias oportunidades y en el arquitecto de tu éxito.

Pero lo primordial del cómo fomentar ese espíritu emprendedor, es aprender a desarrollar una mentalidad de crecimiento: Ver los desafíos como oportunidades de aprendizaje, entender que el emprendimiento no es solo una cuestión de negocios, sino de actitud ante la vida. Adoptar una mentalidad de crecimiento te permitirá ver cada reto como una oportunidad para evolucionar y construir el futuro que deseas.

Aprender a tomar decisiones con información es un objetivo principal que el emprendedor debe cumplir: investigar y analizar antes de actuar. La persistencia ayuda a superar cada obstáculo que eso represente. La creatividad e innovación son claves para que tu negocio crezca. El éxito emprendedor radica en **informarse, persistir y ser original**. Al combinar estos tres elementos, se construye un negocio sólido y en constante crecimiento.

Pero recuerda, nada pasa si no tienes amor propio; esta es la base de todo crecimiento de cómo te percibes a ti mismo. El amor propio es la valoración consciente de uno mismo. Es la base de la estabilidad emocional, la confianza y el bienestar psicológico. Sin amor propio, la astucia se convierte en manipulación, y el emprendimiento en una carrera sin sentido.

BASES PSICOLÓGICAS DEL AMOR PROPIO

Cuando nos autoconocemos, reconocemos y aceptamos tanto virtudes como defectos. Con la autoaceptación, se determinan nuestras fortalezas y nuestras debilidades, nuestros puntos más vulnerables que nos permiten acercarnos a nosotros mismos. Nuestros más profundos deseos y las emociones que deben trabajarse. Recuerda, el trabajar el manejo de las emociones es lo más difícil para una persona con una niñez herida y de allí se determina el éxito de una persona.

La **autoaceptación** es la base del crecimiento y del éxito. Quien aprende a manejar sus emociones, a sanar sus heridas y a valorarse a sí mismo, encuentra en su interior la fuerza para lograr cualquier objetivo, junto a una autoconciencia. Comprendemos las propias emociones, deseos y necesidades.

La astucia sin amor propio puede volverse manipulación. El emprendimiento sin astucia puede llevar al fracaso. Y el amor propio sin acción puede quedarse en una idea sin materialización.

Cuando estos tres elementos se equilibran, se crea un individuo que no solo es capaz de enfrentar el mundo con inteligencia y determinación, sino que también construye un camino basado en la autenticidad y el respeto por sí mismo. En última instancia, la clave del éxito no radica en encajar en un molde impuesto por la sociedad, sino en tener la valentía de construir una vida que refleje el verdadero potencial de cada individuo.

La vida me sabe a caramelo

Aún me queda mucho por aprender, pero también mucho por vivir. He recorrido un camino donde cada paso, cada herida y cada amor me ha enseñado algo esencial. Aprendí de mi madre la responsabilidad; de mi padre, el carácter; de mis hermanos, el apoyo incondicional; de mis parejas, la independencia emocional; de mi hijo, el amor verdadero; y de mí misma, el poder de la resiliencia.

Cada una de estas lecciones ha forjado mi carácter y me ha ayudado a convertirme en una mujer más fuerte, más consciente y profundamente humana. Hoy soy el resultado de todas esas experiencias y continúo aprendiendo. He comprendido que la vida es un viaje de constante evolución, donde cada persona que pasa, cada relación y cada momento deja una huella.

"La vida me sabe a caramelo" es una expresión que me repito a mí misma como una forma poética de honrar la existencia. Es mi manera de decir que he aprendido a disfrutar cada instante, a encontrar lo dulce incluso en los momentos más difíciles. Esta frase representa mi estado actual: una plenitud conquistada, una resiliencia nacida del dolor y una profunda gratitud por lo vivido.

He entendido que la felicidad no depende de lo que nos falta, sino de cómo decidimos vivir lo que tenemos. Por eso, camino con gratitud, con amor, educándome constantemente, ampliando mis horizontes y aprendiendo a actuar con prudencia. Cada día es una nueva oportunidad para saborear la vida.

Desarrollar la resiliencia no fue fácil. Durante mucho tiempo, viví desconectada de mí misma, olvidando mis propios intereses, priorizando a los demás, aislándome. No sabía que la autenticidad era la clave de la autoestima. Pero hoy me levanto con la fuerza que solo el tiempo y la experiencia pueden dar. He comprendido que la clave no está en los tropiezos ni en las cicatrices, sino en todo lo que aprendemos al atravesarlos.

He llorado, sí, pero también he recogido fuerza de cada lágrima. He llevado el peso de traiciones y decepciones, solo para descubrir que incluso el dolor tiene un propósito en el gran tejido de la vida. Aprendí a soltar lo que me ataba, a perdonar lo imperdonable y, lo más importante, a perdonarme a mí misma.

La verdadera libertad nace de invertir en uno mismo, en el amor que nos damos y en la paz que elegimos cultivar. Comprendí que nunca estamos realmente solos: siempre hay una fuerza, una luz, una guía que nos sostiene en silencio.

La experiencia es la maestra más sabia. Cada error, cada caída, cada renacer tiene su razón de ser. Y por eso hoy comparto este grano de arena: aunque la vida nos desafíe, siempre hay un propósito detrás de cada paso. Lo que parece pequeño o insignificante puede ser la semilla que nos lleve al destino que nuestro corazón anhela.

Porque todo tiene una explicación, aunque a veces no la comprendamos de inmediato. Y lo más hermoso es saber que siempre hay un nuevo comienzo, incluso después de mil caídas.

"La vida no se trata de evitar las caídas, sino de aprender a levantarse con más amor, gratitud y verdad. Todo lo vivido tiene un propósito: enseñarnos a valorar lo que somos. Cuando uno aprende a saborear incluso las pruebas… la vida, simplemente, sabe a caramelo".

Lhaura Ventura

Acerca de la autora

Nacida en Barranquilla, Colombia, en el año de 1991, Lhaura comienza a escribir poesía desde una edad temprana, poesía que luego se convertiría en canciones. A los 17 años, concursa en un espectáculo de talento musical nacional colombiano, "Yo me llamo", quedando como semifinalista y alcanzando fama nacional.

En el año 2008, se gradúa de Comunicadora Social y Periodista, gana el premio Cum Laude por la mejor tesis de la facultad titulada "Comunicaciones en Radio Medicina", obteniendo un contrato en la facultad como mentora estudiantil del Departamento de Comunicación Social a los 18 años.

Luego se muda a Maracaibo, Venezuela, para realizar una maestría en Gerencia Empresarial, graduándose con uno de los mejores promedios de su grupo estudiantil y ganando nuevamente el Premio Cum Laude por su tesis "El reflejo del docente en la psicología infantil administrativa", que le otorgó la participación en un congreso de empresarios de la región en el estado Zulia, Venezuela.

A los 24 años, se muda a los Estados Unidos y hace una especialización en Educación Infantil, obteniendo un trabajo como mentora de niños vulnerables en el estado de Florida, de 0 a 15 años.

En la actualidad, se dedica a la docencia de niños vulnerables en el estado de Florida, es conferencista de empoderamiento femenino y de la resiliencia después del abuso doméstico, y se encuentra realizando una segunda especialización en Psicología Infantil e indagando en el mundo de la música urbana.

www.ingramcontent.com/pod-product-compliance
Lightning Source LLC
LaVergne TN
LVHW060305051026
849517LV00003B/971
* 9 7 9 8 9 0 0 0 1 2 9 2 6 *